AF373670

BORDEAUX
ARTISTE

SAUVAT, LIBRAIRE-ÉDITEUR

CHEZ LES PRINCIPAUX LIBRAIRES.

BORDEAUX - ARTISTE

IMP. DE MAD. V. N. DUVIELLE.

LES PETITS BORDEAUX

BORDEAUX-ARTISTE

PRIX 50 C.

BORDEAUX
SAUVAT, LIBRAIRE - ÉDITEUR
Rue St-Rémy.
ET CHEZ TOUS LES LIBRAIRES.

—

1855

BORDEAUX-ARTISTE

SOMMAIRE

MM. Monselet, Léon Briosne, Aimé Picot, Sauvey, Bernède. — Jautard. — Le vieux Sainti. — Portrait de M. J. Saint-Rieul Dupouy. — Son apothéose. — Les auteurs sérieux : M. Bénigne Huyet. — MM. Ernest Bersot, Paul Rochery et Stouvenel. — Les Jeunes gens : M. Gabriel Richard. — Le *Vampire* et M. Angelo de Sorr. — M. Aurélien Scholl. — Les travaux de M. Ribadieu. — M. Ludow Vigé. — M. E. Matheron, critique d'art. — Les *Contes rustiques* de M. Honoré Sclafer. — M. Elie de Mauvesin. — M. Davet et M. Claverie. — Où l'on ouvre les portes de l'Académie de Bordeaux. — Tant pis pour M. Henri Brochon. — Le dernier Marquis. — Quelques fauteuils. — M. Justin Dupuy. — M. Jules de Gères. — L'homme le plus poli du département. — Donnez-nous des *Gerbes*. — M. Hippolyte Minier. — En avant, la musique ! — Le pianiste avec qui je me suis brouillé. — M. Mézeray, M. Ferroud, M. Massip, M. Schaffner, M. Dufau, M. Henri Peru, M. Félix Demarie, M. Emile Forgues. — Est-ce tout ? — Il y a encore M. Schad. — Le violoncelliste Hekking. — M. Schultze joue en allemand.— M. Baudouin, professeur de langue. — Mlle Clotilde Chauvin. — Mme ***. — La peinture et les peintres à Bordeaux. — M. Paul Mantz. — Galeries particulières.— Les cabinets de MM. Von Döhren, Grossard, Oldekop, Mareilhac, Astruc et Lafargue. — Goya meurt à Bordeaux. — Diaz, Rosa Bonheur, Brascassat, Gué. — Les aquarelles d'Héroult. — Gorin le remplacera. — MM. Fauvelet, Duverger et Plassan. — Mme Marsaud. — MM. Léo Drouyn, Joseph Felon, Marionneau, Gibert, Mousquet, Colin, Charles Donzel, Fozembas, Haute, Chaigneau. — Le sculpteur de la ville. — Le musicien de la ville. — L'homme de lettres de la ville. — L'architecte de la ville.—L'architecte du département.— M. Thiac et M. Burguet.—Une épigramme bien innocente. M. Alaux fils, M. J. Lafargue. — Epilogue.

Pas plus qu'aucune autre ville de province, Bordeaux n'a échappé au reproche de béotisme.

Nous ne voulons pas rechercher les causes de cette accusation, qui, dans ces derniers temps surtout, a atteint un degré d'exagération, voisin de l'outrage.

Les préoccupations commerciales justifient, jusqu'à un certain point, l'absence d'initiation aux progrès de la littérature et des arts. Entre le négoce et le plaisir, qui se partagent l'existence des riverains de la Gironde, il serait cependant injuste de ne pas reconnaître qu'il y a eu, dans toutes les époques, une place pour l'intelligence cultivée; Ausone et Montesquieu l'attesteront éternellement.

A demi-détruite aujourd'hui par les chemins de fer, la centralisation le sera tout-à-fait dans quelques années ; alors, telle est du moins notre conviction, l'art allumera plusieurs phares à Bordeaux, à Lyon, à Marseille, à Rouen, à Nantes, à Toulouse.

En attendant ce jour, appelé avec impatience par tant de vocations empêchées, par tant d'ambitions retenues forcément au sol natal, nous allons jeter un coup-d'œil sur la situation intellectuelle de Bordeaux et fixer un jalon qui servira plus tard aux historiens de la période moderne.

*
* *

La première place appartient à l'art écrit, — à la littérature.

Aime-t-on la littérature à Bordeaux? la pratique-t-on?

Nous allons essayer de répondre à ces deux questions.

On aime le roman, comme partout, et la preuve en est dans les feuilletons que reproduisent à l'envi les cinq grands journaux de Bordeaux.

Rien n'est cependant plus vulgaire, plus mal écrit, plus ennuyeux que les romans de M. le vicomte Ponson du Terrail. Heureusement que ce gentilhomme de lettres n'appartient pas à notre ville. Il est de Montmartre, — troisième moulin à l'est.

En dehors des cabinets de lecture, industrie agonisante, il existe deux ou trois libraires dont les vitrines exhibent chaque soir aux lueurs du gaz les gracieux volumes de Charpentier et de Victor Lecou.

Ces libraires, que nous avons interrogés, conviennent volontiers d'un chiffre de vente raisonnable, mais ils s'obstinent à affirmer que ce sont exclusivement les voyageurs et les étrangers de passage qui achètent des livres.

Il convient de s'inscrire en faux contre cette assertion malveillante ; l'autre soir, M. Alphan a été rencontré au moment où il venait de faire l'emplette du *Projet de réforme théâtrale* de M. Destrem.

⁎

La bibliothèque de Bordeaux est une des plus belles et des plus riches de France, il ne faut pas l'oublier.

Son catalogue imprimé comporte cinq forts volumes in-octavo.

Le bibliothécaire, M. Delas, est un homme d'une complaisance infinie.

Parmi les personnes qui fréquentent assez régulièrement la bibliothèque de la rue Saint-Dominique, on remarque M. Lamothe, quelques réfugiés espagnols, des *seconds* de navires qui ne savent comment tuer le temps à terre, une dame mal conservée, et un collégien qui s'obstine toutes les quinzaines à venir demander les *Amours du chevalier de Faublas.*

M. Noé, l'aide-bibliothécaire, lui répond d'un ton aigre qu'on ne donne pas de tels livres en lecture.

Le collégien, un peu confus, se ravise :

— Alors je me contenterai des *Liaisons dangereuses.*

— Nous ne les avons pas, grommelle M. Noé.

Le collégien soupire, et après un instant de réflexion :

— Je me rabattrai donc sur *Félicia ou mes fredaines*.

— Cet ouvrage n'est pas sur le catalogue.

— Oh !... fait le collégien, sur une note à la fois étonnée et chagrine.

Il demeure indécis pendant plusieurs minutes, rougit à l'avance et finit par se pencher à l'oreille de M. Noé, en murmurant un titre qu'il nous est impossible de reproduire ici.

— Mais, monsieur, je vous dis et je vous répète qu'il nous est défendu de communiquer les ouvrages licencieux ! s'écrie M. Noé, en bondissant sur son rond de cuir.

Interdit pour tout de bon cette fois, l'écolier salue et fait mine de se retirer.

Auparavant, il se retourne, et, tentant un dernier effort, il prononce plaintivement :

— Quoi ! pas même *la Guerre des Dieux ?...*

Quant aux bibliothèques particulières de Bordeaux, nous ne les connaissons point. Il n'en existe d'ailleurs pas beaucoup, dit-on.

Les amateurs de livres que l'on cite sont : M. Charles Balaresque, membre du conseil municipal; M. Pommier; M. Gergerès.

On assure que M. Clouzet, professeur, recueille depuis trente ans les journaux, les livres, les imprimés de toute sorte qui voient le jour dans le département de la Gironde. Cette collection renferme de hautes curiosités politiqnes.

Du reste, il y a peu de ventes sérieuses et peu de bouquinistes ; en fait de littérature ancienne, tout se tire de Paris.

Simple juge de paix dans un des arrondissements de notre ville, M.

Nicolas, l'éminent auteur des *Etudes sur le Christianisme*, a vu pendant ces dernières années sa réputation grandir sucessivement. Son ouvrage, tout-à-coup mis en lumière, par un de ces hasards qui s'attaquent heureusement encore aux hommes de mérite, a eu plusieurs éditions.

Aujourd'hui, M. Nicolas est un des personnages les plus importants de cette époque. Par son honorabilité. par son autorité, par sa douceur et sa cordialité naturelles, il exerce en hauts lieux une influence dont les effets salutaires ne tarderont pas à se faire sentir.

Divers petits livres du genre de celui-ci ont été déjà tentés : les *Bordelais en 1845*, les *Bordelais en 1850*, les *Bordelaises partout*, etc ; sans compter bien des brochures en vers, ayant toutes pour but de réveiller la fibre artistique de nos compatriotes. La plupart de ces pamphlets ont obtenu quelques succès, car on aime chez nous les personnalités.

Les revues et journaux exclusivement littéraires n'ont jamais manqué non plus. Un jour, nous en dresserons un catalogue complet. Pourquoi faut-il que ces recueils n'aient joui que d'une existence éphémère ? Il y avait là pourtant, autant que dans

certaines gazettes parisiennes , de la
verve, des promesses, de la science
et de la poésie à remuer à la pelle ;
il y avait des jeunes gens, comme il
y en a partout et comme il y en aura
toujours ; ces jeunes gens avaient de
l'esprit, et ceux qui n'avaient pas
d'esprit avaient de la gaîté, monnaie
courante et riante !

Hovyn de Tranchères, hier repré-
sentant du peuple, aujourd'hui in-
dustriel et inventeur, toujours homme de bonne humeur, Hovyn avait
attaché son nom à la rédaction de
l'*Homme gris*; Félix Solar, que la
Bourse ne peut entièrement arracher
au théâtre et au journalisme, signait
du pseudonyme d'E. d'Issy les feuil-

letons du *Courrier de Bordeaux*, Hovyn et Solar, deux riches d'esprit et d'argent, deux phénomènes !

L'*Homme gris*, ce petit journal qui vint au monde dans un cabinet du café de Paris, au milieu d'une forêt de bouteilles de champagne, et qui s'éteignit misérablement dans une cellule du nouveau Palais-de-Justice, — l'*Homme gris* avait choisi, parmi ses victimes hebdomadaires, M. Francisque-Michel, alors comme aujourd'hui, professeur de littérature étrangère à la Faculté de Bordeaux.

Une de ses facéties habituelles consistait à qualifier M. Francisque-Michel de professeur... entièrement étranger à la littérature.

Il y a quinze ans à peu près que
M. Francisque-Michel occupe cette
place, et les Bordelais n'ont pas l'air
de se douter que depuis quinze ans
ils possèdent un des savants les plus
renommés, les plus infatigables,
les plus consultés, les plus char-
mants. Les services qu'il a rendus à
l'histoire et à la littérature sont in-
nombrables. Il sera de l'Institut
quand il le voudra.

A vingt-huit ans, M. Francisque-
Michel était chevalier de la Légion-
d'Honneur.

Membre de l'Académie de notre
ville, il donna sa démission par suite
de quelques tracasseries mesquines
qui lui furent suscitées. Il avait voulu

faire acte de politesse et de membre actif, en publiant un mémoire sur les ruines du palais Galien, mémoire dans lequel il bat en brèche l'erreur accréditée qui attribue la construction de ce palais à l'empereur Galien.

M. Francisque-Michel prouve clair comme jour, que ce monument a été bâti par une princesse Galiene, espagnole de naissance.

Les académiciens du crû, — M. Jouannet en tête, qui avait écrit d'éloquentes pages sur la période romaine, — prirent très mal la découverte et engagèrent même son auteur à y renoncer, sans doute sur l'air : *Ce mouchoir belle Raimonde !*

Ne dérangez pas le monde.
Laissez chacun comme il est.

En effet, approuver un tel mémoire, c'était, pour les académiciens de Bordeaux, convenir d'une ignorance au moins singulière ; c'était briser avec la tradition, brûler ce qu'ils avaient si longtemps adoré ! M. Francisque-Michel tint bon ; et de là, cette animosité sourde, cette opposition constante, qui finirent par amener une rupture définitive.

Entre autres plaisanteries, on a dit aussi du cours de M. F. Michel — tant le goût de la littérature, et particulièrement de la littérature étrangère est peu répandu à Bordeaux — qu'il n'attirait pas un chat.

Pour conjurer cette épigramme et la réduire à néant, l'auteur de l'*Histoire des races maudites* a acheté un magnifique angora, que l'on peut voir deux fois par semaine, s'étaler avec majesté à la gauche du professeur.

Le premier rival de *l'Homme gris* fut *le Diable boiteux*, né sur les fossés de l'Intendance, journal malin à ses heures et qui cherchait la verve de Lesage. Asmodée mourut jeune. Longtemps après, on vit éclore *le Monde Bordelais*, transformé presqu'aussitôt en *Revue bordelaise*, sorte de pépinière où se rassembla la jeune littérature. Il convient de citer, pour ses vingt ans d'existence, un simple journal des théâtres, *la Sylphide*, providence des poètes imberbes. L'indifférence et la République firent avorter ces tentatives généreuses. Le dernier essai tenté dans ce genre s'appelait *la Revue de Bordeaux*.

.⁎.

Le théâtre à Bordeaux n'emprunte rien à l'intelligence locale ; il existe à l'état de spéculation. Nous aimons mieux attribuer ce fait au système de la direction qu'à l'insuffisance bordelaise. Les temps ne sont pas éloignés où des plumes ambitieuses se consa-

craient aux labeurs de la scène, où des
pieds superbes essayaient de chausser
le brodequin. On sifflait un peu quelquefois, mais qu'importe ! c'était le
bon tems, celui des chutes ou des succès. M. C. Monselet, gravement retiré
aujourd'hui dans sa tanière de critique influent ; MM. Léon Briosne et
G. Richard écrivaient des comédies ;
M. Aimé Picot faisait représenter des
opéras, musique de M. Bellon, et
des revues de fin d'année ; MM. G.
Sauvey. Bernède — et d'autres que
j'oublie, fournissaient leur contingent
de vaudevilles. Jautard en était aussi
— souvenir funeste !

*
* *

Ici, plantons un saule.

Le doyen de nos artistes dramatiques, le vieux Sainti, vient de mourir à l'âge de quatre-vingt-deux ans.

Il avait débuté en 1779, sur un théâtre d'élèves, dans le rôle de Cassandre, du *Tableau parlant*.

L'enfant possédait déjà ce menton recourbé et ce nez à corbin qui le prédestinaient aux rôles de tuteur. Après soixante-et-quinze années de rampe, au sortir d'un rôle de Molière, Sainti s'en est allé. C'était un véritable artiste ; il est mort à l'hôpital.

Un littérateur purement local, et

de qui la réputation n'a jamais franchi l'octroi de Bègles, c'est **M. J. Saint-Rieul Dupouy**, auteur de deux livres : *l'Été à Bordeaux* et *l'Hiver à Bordeaux*, — lesquels résument tous ses feuilletons pendant vingt années.

Notre intention était d'esquisser la physionomie originale de cet écrivain, lorsque nous nous sommes rappelé à temps une pièce de vers, composée par un de ses meilleurs amis, et qui peut être considérée comme inédite.

La voici en entier :

J. SAINT-RIEUL-DUPOUY.

—

Il tourne au moindre vent, il tombe au moindre choc
Aujourd'hui dans un casque et demain dans un froc.
                    COLIN D'HARLEVILLE.

I

C'est un sylphe, un lutin, un djinn, un elfe, un gnome
            Quelque chose de vaporeux,
Un être fantastique, un pâle et gros jeune homme
            Pour qui se pâment les bas-bleus,
Un coquet écrivain dont la plume orthodoxe
            Sur la corde du feuilleton
Fait danser à la fois, — amant du paradoxe, —
            Sainte-Thérèse et Crébillon,
Un mystique viveur, prêchant la pénitence,
            De la religion épris,
Dînant chez les prélats et couronnant l'enfance
            Aux distributions de prix,
Qui tortille, en marchant, sa moustache blondine,
            Ou, sifflant un air de chanson,
Caresse fièrement du bout de sa badine
            Le revers de son pantalon ;
Et que vous avez vu bien des fois, ô madame,
            Par un jour de printemps vermeil,

Passer, la basque au vent, le regard plein de flamme,
Et la chevelure en soleil !

II

Ce qu'il aime, Dupouy, ce sont les bals splendides,
Les raoûts, les fêtes de nuit,
Les douces voix de femme et les regards humides
Dont l'éclair ardent le poursuit ;
Mais ce qu'il aime aussi, c'est un tapis de mousse ;
C'est l'oiseau jaseur dans les bois ;
C'est le ruisseau d'argent et le sentier où pousse
La fleur qu'on nomme fleur des pois.
Entre ces deux amours son cœur s'élance et flotte,
Son cœur est doublement heureux :
Le fils de Ducantal n'avait rien qu'une note ;
Saint-Rieul en possède deux.
Jamais Paganini n'a fait plus de merveilles
Sur son violon infernal
Qu'avec sa double note aux douceurs sans pareilles
Saint-Rieul au bas d'un journal.
Jamais ce professeur de rhéthorique exquise
Et que l'on citait à la cour,
Ne sut mieux retourner D'AMOUR BELLE MARQUISE
En BELLE MARQUISE D'AMOUR.
Comme Cadet-Roussel qui n'avait qu'une tresse
Saint-Rieul n'a qu'un feuilleton

Que, depuis ses débuts, il fait servir sans cesse
    Avec un nouveau badigeon,
Un vieil habit Louis XV, usé jusqu'aux manchettes,
    Un pourpoint à la Florian,
Auquel de temps en temps il coud quelques paillettes
    Et pose un soleil de fer-blanc ;
Un décor de ballet, une toile hors d'âge
    Qui montre au public tour-à-tour
Par devant un salon, par derrière un village
    Et de tous les côtés — le jour!

III

Mais ce qu'à l'unisson chacun vante et proclame
    Dans ce poëte aux chants follets,
C'est qu'il est avant tout l'homme de la réclame,
    Le roi du Canard bordelais.
C'est qu'à grands tours de bras, grimpé sur une estrade,
    D'une caisse battant la peau,
Devant chaque homme illustre il a fait la parade :
    « Prrrrrenez vos billets au bureau! »
J'ai rêvé bien des fois de ton apothéose,
    O Dupouy Saint Ricul Jehan!
Je t'ai vu bien des fois, le front ceint de la rose,
    Entraîné sur un char géant!
Jupiter d'opéra, le tard parumant tes jeux,
    Et comme pour aller battre Flots

Tout un peuple enivré venait pousser aux roues
        Avec des cris à fendre l'air !
Lacordaire portait ton paletot verdâtre ;
        Liszt, ton habit aérien ;
Tom Pouce déroulait ta cravate folâtre ,
        Et Coquereau ne portait rien ;
L'Apollon-saltimbanque inclinait sa bannière
        Gazeaud arrivait en dernier ;
Mézeray dirigeait une marche guerrière
        Sur de vieux motifs du Courrier ;
Tandis qu'incessamment de Bordeaux à Golconde
        Et de Bacalan à la Souys ,
Quatre clairons jetaient au quatre coins du monde
        Ton nom , ô Saint-Rieul Dupouy !

*
* *

Par un contraste, qui a été de
tout temps un des artifices principaux de la littérature, nous voulons
placer après le nom de M. Dupouy
celui d'un homme modeste, instruit,
laborieux et doué du talent le plus

réel, d'un homme avec qui la critique devra compter plus tard sérieu-
ment, de M. Bénigne Huyet.

Un beau drame antique, *Eponine*,
un poëme sur *Samson* et l'épopée
immense de la *Cité maudite*, en ce
moment sous presse, tels sont jusqu'à présent les titres de M. Bénigne
Huyet à notre sympathie respec-
tueuse.

Dans cette catégorie d'érudits et
de penseurs, rangeons encore, —
mais rangeons à part :

M. Ernest Bersot, à qui la philo-
sophie doit plusieurs beaux ouvrages;
esprit supérieur, homme d'avant-

garde, et qui possède la force, —
cette excuse de la témérité ;

M. Stouvenel, traducteur de l'*U-
topie de Thomas Morus*, talent ca-
ché, puissance contenue, — traînée
de poudre qu'n'attend que l'étin-
celle ;

M. Paul Rochery, un critique et
des meilleurs, qui a marqué son
passage dans la *Revue indépendante*
et dans la *Politique nouvelle*.

A eux seuls, ces trois hommes
suffiraient pour placer Bordeaux au
premier rang des villes lettrées.

***

Le roman, la bibliographie, la

poésie revendiquent tour à tour parmi nos jeunes compatriotes :

M. Gabriel Richard, l'ancien feuilletoniste du *Courrier de la Gironde*, le galant auteur du *Voyage autour de sa maîtresse*, — je me trompe : *de ma maîtresse*;

M. Angelo de Sorr, dont un roman énergique et bizarre, le *Vampire*, a très-bien placé le nom à Paris;

M. Aurélien Scholl, connu par son domestique, auquel il a écrit des *Lettres*, — toutes décachetées, heureusement pour le public;

M. Laurent Martheron, dont le jugement fait autorité en matière d'art;

M. Henri Ribadieu, compilateur intelligent et qui promet un historien;

M. L. Vigé, que la politique vient de céder à la littérature légère ;

M. Honoré Sclafer, qui a signé autrefois un livre éloquent, le *Sceptique mourant*, et qui signe aujourd'hui dans une feuille parisienne des *Contes rustiques*, fort remarqués pour leur accent nouveau ;

M. Elie de Mauvesin, muse discrète, auteur des *Loisirs poétiques et religieux*.

Et enfin, deux des plus jeunes, qui ont du style, de la bonne volonté, de la lecture et qui feront leur chemin certainement : M. Ernest Davet, M. Léonce Claverie.

L'heure est bonne pour eux en effet, car voici les Dieux de 1830 qui

s'écroulent; voici les cénacles abat-
tus; et, de toutes parts, les journaux
ouvrent leurs feuilletons, que ne
remplit plus la monstrueuse person-
nalité d'Alexandre Dumas, à ceux
qui ont de l'esprit, de la jeunesse,
de l'invention, du feu, et qui n'ont
pas de nom! De nouveaux auteurs,
de nouvelles compositions sont at-
tendues, sollicitées avec impatience;
on a hâte de voir à l'œuvre la géné-
ration actuelle, celle qui a dû profiter
des bienfaits du romantisme et re-
pousser les puérilités, celle qui a lu
Balzac et qui a dû puiser dans la
Comédie humaine la raison et la passion, celle qui, à l'heure qu'il est,
aime, étudie, et se prépare à la lutte.

Le public vous sera bienveillant, jeunes gens, mais il vous veut forts et consciencieux. Soyez tout ce que vous voudrez : coloristes, fantaisistes, réalistes; mais ayez la pensée, ou à défaut de la pensée, ayez le fait ! Le fait et la pensée, tout est là. Hors de là, il n'y a que sottise et néant.

*

* *

Bordeaux a une Académie, nous l'avons dit tout à l'heure.

Montesquieu s'honorait d'en faire partie ; — M. Henri Brochon s'en honore également.

Dans cette académie, il y a les académiciens sérieux et les académiciens badins.

M. l'abbé Blatairou est un académicien sérieux ; M. Gustave Brunet, aussi.

M. le marquis d'Imbert de Bourdillon est un académicien badin : il célèbre les Muses et chante les Grâces ; ses cheveux blancs appellent des roses ; ses stances ont le charme de Colardeau. Veut-il adresser une épitre à une dame, il s'écrie qu'il va *gravir la double cime*; il croit encore au Permesse, et son calendrier n'est peuplé que de Chloris, de Thémire, de Climène et d'Eglé.

Heureux homme! heureux académicien ! débris charmant des galanteries défuntes et des mythologies disparues !

*
. .

Le voisinage du marquis de Bourdillon doit un peu scandaliser cer-
tains de ses confrères : — M. Justin
Dupuy, par exemple, académicien de
fraîche date, et rédacteur d'un journal légitimiste. Les petits sourires,
les petits refrains et les tendres badi-
nages de cette muse, qui a été à l'é-
cole chez Voltaire, sont bien faits
pour effaroucher le Lourdoueix de la
rue Margaux.

Il écrit bien, M. Dupuy.—Il a la
passion, l'autorité, la forme pleine
et au besoin le mot acéré ; il a tout
ce qui fait le publiciste quotidien ;

la vivacité, l'érudition en matière politique; nul mieux que lui ne sait
déshabiller un premier-Paris pour
en vêtir un premier-Bordeaux. Pourquoi faut-il qu'il soit si fréquem-
ment injuste, injuste envers le passé,
injuste envers le présent, injuste surtout envers la littérature contem-
poraine, — des formules de laquelle
il profite pourtant chaque jour ?

*\
* .

Un homme qui marche avec son
temps, et qui a foi dans l'avenir, et
qui ne cesse de crier courage aux
autres en reprenant courage lui-
même, — un académicien encore —

c'est M. Jules de Gères, à qui l'on doit des poèmes trop peu répandus et le spirituel volume des *Récits de Suisse et d'Italie*.

.·.

S'il connaissait un homme plus affable que lui, plus onctueux, plus souriant, M. Goût-Desmartres irait, j'en suis sur, l'attendre au coin du bois de Léognan, pour le poignarder.

Depuis la publication de ses *Gerbes de poésie*, M. Desmartres, semble avoir renoncé à son commerce avec les neuf doctes sœurs, — style Bourdillon. Nous le regrettons sincèrement. Ses vers offraient de la grâce, de la correction et un vrai sentiment chrétien.

* *

M. Hippolyte Minier est un des derniers élus de l'Académie de Bordeaux.

Aux derniers, les bons !

Celui-là est un satirique de la belle roche, — inclinant plutôt vers Méry que vers Regnier. Ses alexandrins, larges de poitrail et ondoyants de crinière, se cabrent gracieuse-mens sous l'éperon d'or de la rime. La clarté, le bon sens, la vigueur, telles sont les qualités dominantes de M. H. Minier.

Un peu d'idéalisme à travers tout cela ne nuirait certainement point; — on a le droit de se montrer exigeant vis-à-vis des talents véritables.

. .

Musique, que me veux-tu?

Un paragraphe.

Je le veux bien, — mais où prendrais-je des qualifications assez enthousiastes, des adjectifs assez enivrés, des compliments assez chaleureux pour en empanacher tous vos noms, ô rossignols de concerts, ô fauvettes de salons!

Que ne vous adressez-vous plutôt à Saint-Rieul?

Lui seul a le secret des pamoisons admiratives, des bravos éperdus, des épithètes spasmodiques, des accents trépignés, des essors, des élans, des transports, des convulsions que peuvent susciter le son d'un piano, les accords d'une harpe, les grognements d'un basson, les plaintes d'un cor anglais ou les soupirs d'une clarinette. Lui seul, entendez-vous, lui seul ! sait la manière dont il faut louer un musicien ou une musicienne !

Car ne croyez pas qu'on loue un chanteur, par exemple, de la même façon qu'on louerait un peintre, un sculpteur ou un poëte. Ceux-ci, après tout, sont gens à se contenter d'un éloge raisonné et modéré.

Mais les musiciens !!!

Si vous ne les comparez pas au bon Dieu, ils font la moue.

Si vous ne décrochez pas les étoiles du firmament pour leur en composer une auréole, ils vous regardent à peine.

J'avais un ami pianiste ; après avoir exécuté, en comité intime, je ne sais quel tapage qui lui amena des gouttes de sueur sur le front, il se retourna et me demanda mon sentiment.

— C'est très-beau ! lui répondis-je.

Il se mordit les lèvres et interrogea une autre personne, qui dit en fermant presque les yeux :

— *C'est ruisselant d'inouïsme !*

Le pianiste sourit gracieusement.

Depuis ce temps, nous sommes brouillés.

*
* *

Il est bien entendu que les musiciens bordelais sont tout-à-fait différents des musiciens dont nous venons de parler.

*
* *

M. Mézerai, à la tête de tous, est un musicien sérieux et dévoué. Au Congrès musical qui signala nos dernières Fêtes de Charité, nous avons pu apprécier son intelligence profonde et son amour fervent de l'art.

A côté de lui, il convient de grouper Ferroud, savant comme Choron, — Massip, le Musard Bordelais, — et Schaffner, qui fut pendant longtemps un des meilleurs chefs d'orchestre du Grand-Théâtre.

Les *spécialistes* constituent une phalange nombreuse : M. Dufau, l'émule de Tulou, qui fut longtemps le petit Dufau, puis le jeune Dufau, et qui sera bientôt Dufau tout court, pourvu qu'il se hâte d'aller à Paris où se consacrent tous les talents, où se sacrent toutes les réputations ; — M. Emile Forgues, M. Félix Demarie, M. Henri Péru, M. Schad, pianistes..... Comment dirons-nous ? *distingués*, ce n'est pas assez, — *excellents*, c'est bien mou. — *sua-*

res? enchanteurs? sympathiques? délicieux? — Bah! disons tout cela à la fois, d'autant plus que tout cela est vrai. Parole d'honneur !

Le violoncelliste Hekking doit être placé au premier rang; on a dit de son jeu qu'il rappelait « ce violon enchanté dont parle un conteur, ou une âme était enfermée et pleurait harmonieusement au gré du musicien. »

M. Schultze joue du violon en allemand rêveur et passionné. L'instrument qu'il tourmente a été décroché de la galerie de Krespel. M. Baudouin, son émule et son rival, est plus sceptique d'intonation ; sous sa main nerveuse, l'archet bondit et se cabre. Mais pourquoi faut-il que M. Baudouin ait entrepris d'initier M. Schultze aux beautés de la langue française ? — Il nous est arrivé de constater les douloureux effets de ses conseils dans un salon de notre connaissance. — Ah ! madame ! disait M. Schultze avec son adorable accent allemand, vous êtes aujourd'hui d'un chocnosophe miraculeux !

Il nous serait bien doux de nous étendre sur le chapitre des musiciennes ; mais malgré notre sincère désir, nous hésitons à darder les rayons insdiscrets de la typographie sur une foule de jeunes femmes qui, peut-être, ne demanderaient pas mieux que d'être imprimées vives, mais dont les maris ou les pères n'apprécient pas également les bénéfices de la publicité.

Passez donc, gracieuses virtuoses : passez, enivrantes sirènes ; votre incognito ne sera pas trahi. Puissent les triomphes du huis-clos et les apothéoses des soirées intimes vous dédommager de notre silence! Après tout, devez-vous beaucoup tenir à deux ou trois pages d'un petit livre, qui s'en ira au bout de quelque temps où s'en vont les gros livres. —

à quelques feuilles d'un *pamphlet*, comme diront dédaigneusement les gens qui n'y trouveront pas leurs noms ?

***

Ces considérations cependant sont trop faibles pour nous empêcher de nommer Mlle Clotilde Chauvin, que son talent hors ligne ne permet pas de compter au nombre des pianistes amateurs. Bordeaux connait et apprécie le style élégant et pur de cette jeune personne qui obtenait dernièrement à Biarritz un succès consacré par le suffrage impérial.

***

Il existe aussi, dans un des vieux hôtels de la ville, un salon où règne le piano. Devant ses touches frémissantes, Listz et Thalberg se sont assis; Prudent et Gotschalk ont éveillé les échos de cette demeure. La fée du logis a le secret de ces grands maîtres et semble avoir emprunté à chacun leur note originale, pour les fondre dans un ensemble harmonieux.

*
* *

Un écrivain d'un talent très-sérieux et dont le jugement en matière artistique est fort estimé à Paris, — eh! parbleu! c'est encore un bordelais! — M. Paul Mantz a écrit, il y a plusieurs années, dans l'*Artiste*,

un article assez complet sur le musée de Bordeaux, qui est, à tout
prendre, un musée de deuxième or-
dre. Nous signalons cet article aux
amateurs et nous nous contenterons
d'y joindre quelques lignes en guise
d'appendice.

*
* *

Quoique la peinture ne règne pas
à Bordeaux aussi despotiquement
que la musique, on y trouve cependant d'assez riches collections particulières : — D'abord, la collection
Fabas, où les yeux sont attirés par
un paysage de Rembrandt, une belle
marine de Backuyser, et une baccha-
nale traitée par Coypel avec infini-
ment d'esprit, — ensuite la collec-

tion du vicomte d'Armagnac, toute resplendissante d'authentiques Velasquez et d'admirables Zurbaran ; — Les cabinets de MM. Grossard, Oldekop, Mareilhac et Von-Döhren (le dentiste de la rue de la Taupe), dont les intéressantes toiles appelleront certainement quelque jour l'examen de la critique.

L'école espagnole a des morceaux achevés chez M. Astruc, chemin de Saint-Genès, entre autres le *Christ à la colonne* de Zurbaran ; il en existe une grande lithographie. Deux jolies Breuguel de velours, un Herrera-le-Vieux, deux Bassan qui sont deux merveilles, une esquisse du Guide et quelques Watteau donnent un carac-

tère de variété à la gloire de M. Astruc.

Un Van-Dyck de toute perfection,
la *Sainte Famille*, appartient aux
héritiers Goëthals.

M. Lafargue père, architecte ha-
bile, qui a embelli Bordeaux de nom-
breuses et élégantes maisons, possède un Otto Venius, un Canaletto,
un Hermann d'Italie et un très-re-
marquable Rolland Savery (Belge).

D'autres amateurs, dont les noms
m'échappent malheureusement, mon-
trent des tableaux d'un grand mérite.
C'est ainsi qu'il m'a été donné d'ad-
mirer plusieurs Goya, d'un style
inouï; — on sait que Goya vécut
longtemps à Bordeaux, et qu'il

mourut il y a vingt ou vingt-cinq ans. Ses œuvres ne courent pas les rues, et M. Eugène Delacroix, qui est passionné pour ce maître étrange, en pourrait seul dresser le catalogue.

Je note au passage, pour les avoir vus chez divers Bordelais, une jolie *assemblée galante* de Pater, un *soleil couchant au bord de la mer*, de Joseph Vernet, plusieurs Lagrené, un *Chasseur* de Regnault, le *Pot au lait* d'Aubry, un Boucher, un Fragonard.

*⁎
⁎ ⁎

Les peintres vivants, auxquels Bordeaux s'honore d'avoir donné le jour, — style de la postérité, — sont nombreux et renommés. Diaz, le sorcier, l'allumeur de féeries, paraît à leur tête ; et puis Rosa Bonheur, Brascassat, Gué, — des noms consacrés, des talents heureux !

Héroult, mort récemment, et qui donnait de si grandes proportions à ses chaudes aquarelles, était un bordelais.

Trois princes de ce riant petit domaine, dont Meissonnier est roi, MM. Fauvelet, Duverger et Plassan sont bordelais aussi.

Bordelais encore, M. Gorin, pinceau puissant et varié ; M. Marionneau, paysagiste chercheur et trouveur ; M Haute, dont les natures

mortes sont justement appréciées ;
M. Léo Drouyn, gracieux dessinateur à la plume; M. Joseph Felon,
peintre et statuaire, accaparé fâcheu-
sement par les marchands de tableaux et de lithographies ; Mme
Marsaud, la fille du tragédien Lafon,
artiste savante ; M. Mousquet, M. Gibert, M. Colin, M. Fozembas ; —
et ce jeune Chaigneau, dont le paysage
historique a obtenu une mention au
dernier concours de l'école des Beaux-
Arts.

M. Charles Donzel passe à Bordeaux pour avoir inventé les ciels
verts. Aussi ses amis, lorsqu'ils voient
les teintes oranges du couchant se
mêler aux teintes bleues du zénith,

trouvent-ils ce jeune peintre plein de vérité. C'est un artiste élégant dont le talent jeune et facile a conquis les sympathies de tout le monde.

Honneur à tous ces dignes artistes, qui luttent si vivement et si efficacement contre les tendances commerciales de la cité bordelaise! Il était temps de verser sur la palette de l'école moderne, déjà si riche en couleurs, quelques gouttes de ce sang gascon, le plus vivace de France.

*
* *

M. Maggesi est le *sculpteur de la ville*. On ne dit pas s'il a un brevet et quelle en est la durée. Sans cette dénomination, nous n'eussions jamais songé à consacrer un paragraphe tout entier à cet artiste ; mais la lumière qui l'environne nous force à diriger nos yeux sur lui. Réputation oblige.

M. Maggesi doit presque tout son talent à sa qualité d'étranger. Au premier aspect, il semblerait qu'il eut été plus rationnel de décerner le titre et les appointements de *sculp- teur de la ville* à un bordelais ou, à défaut, à un français. Point du tout. L'édilité locale est assez riche pour payer la gloire de l'Italie.

Que lui a donné M. Maggesi en revanche ? Ses œuvres sont toujours sur le point d'être achevées. Mon- taigne et Montesquieu ont douze ans d'atelier. Voilà ce que c'est que d'être *sculpteur de la ville.* Pourquoi n'avons-nous pas également :

Un *musicien de la ville ;*

Un *homme de lettres de la ville ?*

De plus fort en plus fort !

Il y a un *architecte du département !* C'est M. Thiac.

Talent indolent, quelquefois singulier, M. Thiac a édifié le Palais-de-Justice et ce tombeau de la rue Porte-Dijeaux où l'on a installé la Poste.

L'architecte du département ne suffisait pas. On a créé un architecte de la ville, M. Burguet, esprit un peu lourd, mais consciencieux.

M. Burguet est le neveu de l'architecte qui a construit l'Hôpital ; je

me souviens qu'à ce sujet il courut
par les salons l'épigramme que voici ·

<pre>
    Thiac a fait le Palais-de-Justice
    Et Burguet a fait l'Hôpital.
    Si Thiac eut fait l'Hôpital,
    Burguet le Palais-de-Justice,
  Peut-être eut-on admiré l'Hôpital,
  Peut-être aussi le Palais-de-Justice.
</pre>

L'art architectural compte en outre
parmi ses représentants non officiels :

M. Alaux fils, déguisé en douzième
siècle, — chapiteau roman ;

M. Mialhe, M. Duphot, M. Labbé,
trois constructeurs estimables ;

M. Lafargue fils, jeune homme
plein d'avenir et dessinateur hors
ligne.

Nous n'en citerons pas davantage.

Les autres ne sont plus des artistes, ce sont des artisans.

Ici s'arrêteront ces notes, à l'aide desquelles nous avons essayé de rendre la physionomie de *Bordeaux-Artiste*.

Quelques succintes qu'elles soient, elles suffiront, je l'espère, pour donner aux étrangers — et même aux parisiens — une honorable idée de notre cité, en même temps qu'elles inspireront à nos compatriotes un légitime orgueil.

Va-t'en à ton adresse, petit livre, et que Dieu te garde des imbéciles et des méchants !